*com o amor dos outros,
posso eu bem*

JÚLIA DOMINGUES

AUTORA DA PÁGINA "SÓ QUE NÃO"

COM O AMOR DOS OUTROS, POSSO EU BEM

PREFÁCIO DE FÁTIMA LOPES

www.egoeditora.com
geral@egoeditora.com

Título – Com o Amor dos outros, posso eu bem
Autora – Júlia Domingues
Composição Gráfica – EGO
Imagens da Capa e Contracapa – *freepik©*
Fotografia da Autora – Júlia Domingues©
Revisão de Texto – EGO
Paginação – EGO
Edição – EGO
1ª Edição – Maio 2021
ISBN – 978-9895471768
Depósito Legal – 484233/21
Impressão e Acabamento – KDP

©2021, Júlia Domingues e EGO Editora

índice

nota introdutória

Passei (mais de) metade da vida a fazer as coisas ao contrário. Achei que o amor que sentia pelos outros era sempre a melhor forma de demonstrar o meu (melhor) amor. Convenci-me de que as coisas se sentiam de dentro para fora e que se construíam de fora para dentro – quanto mais eu conseguisse demonstrar o que sentia para fora, mais conseguiria dizer sobre o que estava a sentir por dentro.

Amei todas as pessoas por quem me apaixonei. Amei por duas, por três, por todos a quem chamei amor. Vivi vidas alheias, sonhos que não eram meus e, nesse intervalo, tentei encontrar espaço para os meus sonhos. Fui profundamente (in)feliz. Por mais amor que tivesse – e demonstrasse – pelos outros, o amor dos outros nunca me parecia ser suficiente para me encher o peito, que ficava mais vazio a cada história (mal) vivida.

No fundo, ninguém teve culpa, foi assim que nos ensinaram a ser desde pequenos. Convenceram-nos de que todas as princesas teriam um príncipe à sua espera e que depois viveriam felizes para sempre. Só que não. Nem todas as princesas precisam de um príncipe para serem felizes e nem todos os príncipes nasceram para honrar as princesas.

A vida mostra-se mais crua do que isso. Muitas vezes, tira-nos a coroa e amarrota-nos o vestido. É nessa altura que temos de aprender a (sobre)viver. Temos de pegar na vassoura (qual gata borralheira) e limpar os cacos que os outros deixaram na nossa vida.

Achei que aos trinta anos estaria casada, cheia de filhos e com um amor incrível para cuidar. Hoje, com mais de quarenta, nunca cheguei a vestir um vestido de noiva.

É quando sobras (só) tu e todo o amor que deixaste por aí, que aprendes, à custa de muitas noites sem dormir, que o amor-próprio tem de vir antes do amor pelos outros. É quando aprendes a amar-te que não permites que mais ninguém te ame menos do que mereces. E tu mereces tudo. Mereces ser feliz. E isso pode acontecer estando (tu) sozinha ou acompanhada. A escolha é (só) tua. Não faças depender a tua felicidade de mais ninguém. A tua felicidade é um trunfo teu, não uma responsabilidade dos outros.

Hoje, conto (só) comigo. Isso não significa que me tenha tornado um «bicho do mato» ou que agora rejeite o afeto dos outros. Não, não é isso. Pelo contrário. Hoje em dia, valorizo até mais quem está ao meu lado e capitalizo melhor as energias para quem me acompanha nesta jornada. Mas é só isso. Deixei de querer agradar a toda a gente. A vida ensinou-me, à custa de muita aprendizagem, que os outros nem sempre vão aceitar as nossas decisões, que nem sempre vão respeitar as nossas escolhas e que, muitos deles, vão até afastar-se. O erro não é de ninguém em especial, é só a vida a ser vida. O ser humano não está preparado para aprender a ser recíproco, para aceitar que o truque para ser feliz – ou para estar mais perto disso – está em aprender a dar na medida em que se recebe.

A vida tem-me ensinado que as pessoas não nos amam (só) pelo amor que demonstramos por elas, as pessoas amam-nos pela capacidade que temos de partilhar o (nosso) amor com o amor delas.

O amor não pode (continuar a) ser uma doação em que um tem de dar e o outro (só) tem a receber. Isso não se chama amor, chama-se, em linguagem jurídica, um *«contrato pelo qual uma pessoa, por espírito de liberalidade e à custa do seu património, dispõe gratuitamente de uma coisa ou direito, ou assume uma obrigação, em benefício do outro contraente* – art. 940.º do Código Civil.»

O amor não pode ser um amor que (se) doa.

Passei (mais de) metade da vida a fazer as coisas ao contrário. Agora, sobra-me a outra metade – insisto nesta mania em permanecer optimista – para fazer valer a pena esta metade que me resta.

Júlia Domingues

prefácio

por *Fátima Lopes*

Acabo de fazer uma viagem interior extraordinária com este livro da Júlia Domingues. Há pessoas que têm a capacidade, sabedoria, sensibilidade e inteligência emocional para nos virar do avesso. A Júlia é uma delas. As palavras são meticulosamente escolhidas para que nos impactem e obriguem a refletir. Mesmo os mais acomodados, que recusam pensar-se e sentir-se com receio das conclusões a que possam chegar, não conseguirão prosseguir nesse caminho de indiferença sobre si próprios. É impossível. Desculpem. Afinal há uma possibilidade de permanecer no adormecimento: fechar este livro e procurar esquecer que um dia se cruzaram com ele.

Há mais de 25 anos que aposto no meu desenvolvimento pessoal e que encaro cada nova aprendizagem como uma ferramenta que me ajuda a aumentar e melhorar o amor por mim, assim como a capacidade de olhar para tudo o que vivo com olhos de amor, gratidão e compaixão. Isso dá-me a capacidade de ler este livro com profunda alegria porque já vivi muitas situações que correspondem às partilhas da Júlia, já passei por muitas destas dores de crescimento e sei que tudo o que é escrito nestas páginas corresponde rigorosamente à verdade sobre a vida e sobre nós. Este livro é acima de tudo, uma oportunidade gigante de fazer diferente connosco e com a nossa vida. É isso mesmo: UMA OPORTUNIDADE!!! Não há desculpas, nem ses!

Independentemente do que está para trás e do que pode estar a vir para a frente, temos a responsabilidade do presente e do agora. E aqui, somos sempre os protagonistas. Não vale a pena procurar outras pessoas para serem responsáveis pela nossa vida e pelas nossas escolhas. Por isso, é que este dom da vida nos foi dado a nós. Isto pressupõe que somos soberanos nas nossas escolhas e no nosso caminho.

A divisão por capítulos que a Júlia faz neste livro, revela o resultado do seu autoconhecimento e a sabedoria de quem olha para o outro como alguém que vem sempre para nos ensinar algo e ajudar a evoluir. Gratidão, Paz (interior), Amor (próprio), Resiliência e Fé (na vida) são os capítulos desta obra. E porquê? Porque é tudo o que precisamos para viver a vida com sentido, paixão e brilho. Vale a pena fazer o exercício de se dedicar um tempo a cada um destes capítulos, lançar-se em experiências, ensaiar mudanças, arriscar outros comportamentos e escolhas, ouvir-se e sentir-se de verdade e perceber que escolher-se é o maior ato de amor que pode ter por si próprio.

Em vários momentos deste livro, tive necessidade de parar porque as palavras sábias da Júlia levaram-me a viajar. Aceitei sem medo. Senti sempre que podia confiar nela e que não me deixaria cair. Eu sei que sou uma mulher de fé a todos os níveis, mas mesmo para os que não são, posso assegurar-vos que podem atrever-se a viajar ao mais profundo do vosso ser enquanto leem estas páginas, porque não se vão perder. Pelo contrário. Vão provavelmente encontrar as respostas que há muito procuravam e que não sabiam que afinal sempre estiveram ali, prontas a ser utilizadas. E a dificuldade em as encontrar prende-se muitas vezes com uma incapacidade de nos amarmos e de não sabermos lidar com a ideia de que o amor por nós deve ser "normal". Tão normal que o conseguimos verbalizar e demonstrar. Por isso, pare de atamancar ou maltratar o amor por si próprio e mergulhe corajosamente neste livro. Porque se *"Com o amor dos outros posso eu bem"*, está na altura de afirmar que com o amor por mim, posso eu bem.

Fátima Lopes

Apresentadora, autora e Public Speaker

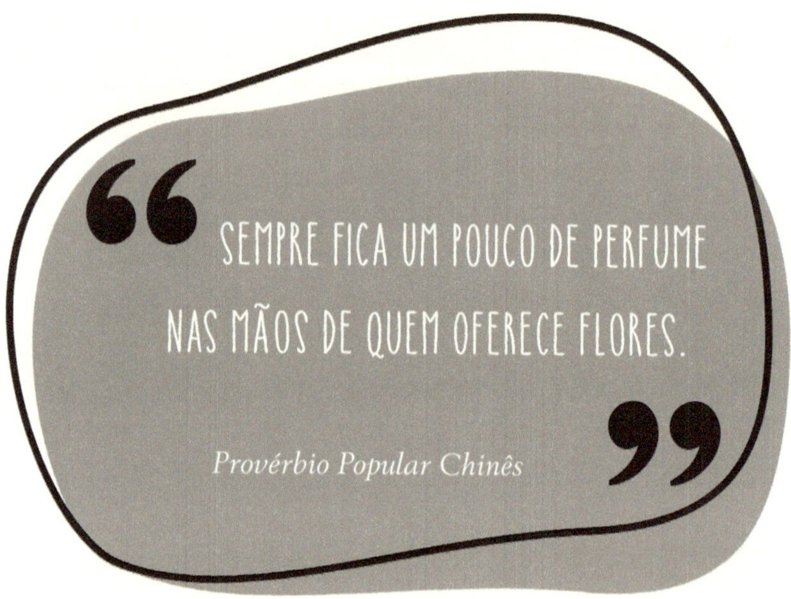

SEMPRE FICA UM POUCO DE PERFUME NAS MÃOS DE QUEM OFERECE FLORES.

Provérbio Popular Chinês

gratidão

1.

Talvez estar em paz seja (só) isto:
ficar grata(o) pelas pessoas que estão na nossa vida
e ficar *ainda* mais grata(o) por aquelas que *não* estão.

2.

Já fui incrível com quem não merecia e
já fui uma besta com quem foi incrível comigo.

Nunca sabemos
a verdadeira intenção das pessoas.

Quem vem para ficar ou quem nunca deveria ter vindo.

Hoje, (só) sou incrível com pessoas incríveis.

Com os outros, sou (apenas) recíproca.

3.

Se nos colocássemos mais vezes no lugar do outro, saberíamos **exatamente** qual era o nosso lugar.

4.

Lembra-te:
as coisas que disseres sobre as outras pessoas
revelam *(muito)* mais sobre ti do que sobre elas próprias.

5.

Às vezes, é preciso ficar _{longe}
para entender quem é que vale a pena
manter por **perto**.

6.

Há uma grande diferença entre *afastamento* e *reciprocidade*.

A vida ensina a afastarmo-nos de quem nunca foi próximo
e a aproximarmo-nos (mais) de quem nunca se afastou.

7.

No final, sabes o que conta?

Conta
    quem esperou por uma mensagem tua para saber se estavas bem,
     quem (te) aguentou nas adversidades e
      quem te aplaudiu nas conquistas (da vida).

No fundo, *quem* permanece ao teu lado (até ficar tudo bem).

8.

Chega a uma altura da nossa vida em que só queremos

sorrir, ficar perto de quem nos ama

e não chorar e lamentar os que nos deveriam ter amado
(e não o fizeram).

9.

Para hoje, as coisas simples da vida,
as que se querem com calma.
Deixar-me ficar rendida,
nos detalhes que aquecem a alma.

Uma cama desfeita,
um beijo demorado.
Um sorriso pela manhã,
um bom dia sussurrado.

Um café bem quente e
o sol a bater-me no rosto.
Dizer *Bom dia* à vida,
apreciar as coisas de que gosto.

Uma música a tocar no rádio,
um refrão a condizer.
Um segredo bem guardado,
um *Gosto de ti*, podes crer.

Que venham as coisas simples,
as que são feitas com prazer.
Um brinde, uma gargalhada, uma partilha
e tantas outras que ainda quero viver.

É assim que quero ser contigo.
Tal e qual como demonstro.
Tu dizes-me: *Gosto de ti*
e eu digo-te, *eu também gosto*.

Quero ser simples no viver,
não exigir o que não posso dar.
Quero ouvir de ti um bom dia,
e saber que isso é amar.

O amor quer-se simples,
como tudo o que devemos amar.
Quando amar arrepia a pele,
é a alma a querer falar.

10.

Hoje, pediram-me para escrever uma carta de despedida. E, como em qualquer carta de despedida, há que dirigi-la a alguém.

Chega uma altura da nossa vida em que (já) não importa quem não ficou. Já não nos pesam as lágrimas e (já) não somos feitos de rancor. Por isso, enviei-a para mim.

Olá!

Conhecemo-nos há mais de 40 anos, mas apenas hoje te dirijo estas palavras.

Sei que vais ficar surpreendida por receberes esta carta, uma vez estarmos todos os dias juntas e vais achar que não tenho nada para te dizer. Provavelmente, acharás isto um disparate ou até uma lamechice. Mas já te explico porque resolvi escrever-te.

Escrevo-te porque deixei de ser feita de despedidas. Já não importa quem não veio comigo e quem disse que vinha e não cumpriu. É disso que me despeço. Daquela parte de mim que ficava presa ao passado a tentar perceber porque é que o passado nunca chegou a futuro. Despeço-me das correntes que te aprisionaram aos amores, impedindo-te de caminhar. Da mulher que, tantas vezes, deixou de sorrir, que se esqueceu dela por estar ocupada a amar outras pessoas. Despeço-me da mulher das lágrimas, que deixou de acreditar nela por ter acreditado (demais) nos outros.

Porém, não a critico. Não fui mais fraca ou menos válida por ter sido assim. Todas as minhas escolhas, decisões e opções fizeram parte de um processo. Um processo de descoberta. Da descoberta de quem sou hoje. A ela devo estas palavras de despedida. Encara estas fases como uma aprendizagem e não desvalorizes a mensagem e a lição que todas elas te ofereceram. Porque foi por teres chorado que hoje consegues dar valor ao teu gargalhar. Foi por teres ficado acordada durante a noite que hoje aprecias o quão belo é o sol e foi por teres amado desmedidamente que aprendeste que, desmedidamente, só a nós devemos amar. Hoje, sabes que primeiro estás tu, primeiro tens de cuidar de ti para depois cuidares dos outros. As falhas de ontem são as cicatrizes de hoje.

Por isso, despeço-me, porque já não sou feita de despedidas. Deixo-te ir, não sem antes agradecer-te por tudo o que contigo aprendi. E apenas me desapego de ti por me ter apegado a mim.

Da tua melhor versão, com sincera gratidão.

11.

Não é fácil chegar aos quarenta anos e admitir que não se soube amar. Não o soube este tempo todo. Andei uma vida inteira a fazer as coisas ao contrário. Eu, que me virava do avesso para que tudo ficasse direito, que passava noites à espera que chegasse o dia, na verdade, não amava. Eu idolatrava.

Nunca tive aulas sobre amor, mas a existirem, eu seria uma aluna de primeira fila. Sempre fui atenta ao amor. Como se sentia, como crescia, como se vivia. Tinha a lição estudada, mesmo não havendo aulas. Se era para sentir, eu sentia. Se sentia... Se era para chorar, eu berrava, se era para rir, eu gargalhava e se era para gostar, eu amava. Sempre consumi o amor em dobro daquilo que era suposto. Nunca me chegou o normal. Nunca me chegou só gostar, tinha de amar. Nunca me chegou um amor quente, tinha de queimar. Nunca me chegou um amor para viver, tinha de morrer de amor.

Nunca fui de paixões fáceis, mas sempre que me apaixonava, amava sofregamente. Amei a achar que estava a dar o meu melhor – e estava. Amei cegamente. Dormia à pressa para que os dias chegassem mais rápido. E tantas outras vezes que me esqueci de dormir. Amei a achar que sabia amar. Fiz isso com todos os meus amores. Não gostei mais de uns do que de outros, foram todos amores inteiros. Foram sentidos, vividos e sofridos. Amei a achar que sabia amar, mas, hoje, concluo que não soube amar. Soube o que era o amor, como se sentia o amor, mas depois não soube viver o amor. Não soube o que lhe fazer.

Estive sempre ocupada em tornar as coisas perfeitas. Estive sempre presente para os outros e demasiado ausente para mim. A minha vontade de saber amar era tanta que me esqueci de me amar também. Não achei que fosse importante. Nunca achei que fosse o mais importante. Andava tão ocupada em ser perfeita nesse amor que não me apercebi de que não podia amar a outra pessoa mais do que a mim própria. Foi o meu maior erro. Foi aí que deixei de saber amar, quando deixei de me amar. Quando achei que amar era só amar uma parte – a outra parte.

A todos os meus (des)amores, obrigada. Já vos culpei, mas hoje, agradeço-vos. Todos foram uma excelente aprendizagem. Convosco, vivi, insisti, errei e voltei a errar. Todos existiram para que eu pudesse aprender. E errar. E errar outra vez.

Uma amiga, um dia, disse-me:

A vida é como a faculdade.
Vamos chumbar tantas vezes
quantas as necessárias até sabermos a lição.

Assim é o saber amar. Primeiro, vamos errar. E vamos errar muitas vezes. Vamos errar até aprender que saber amar começa por nós. Eu já errei tantas vezes que me arrisco a dizer que, se existissem aulas sobre o amor, eu estaria pronta para passar no exame.

12.

O que aprendi com a vida:

que chegar ao final do dia
e saber que os *nossos* estão bem,
faz relativizar o que consideramos
que na vida está mal.

13.

Família é
quem cuida,
quem se preocupa,
quem 'aconchega a roupa',
quem nos pergunta se chegámos bem a casa,
quem quer saber se está tudo bem.

Família é
quem fica ao nosso lado, mesmo nos dias difíceis
– principalmente, nesses dias!

Família é
quem nos dá suporte,
quem nos manda para a frente, mas nos ampara na retaguarda.

Família é
quem nos corre nas veias, mesmo não sendo do mesmo sangue.

14.

O que a vida ensina: que não é possível agradar a toda a gente. Que vai haver sempre alguém que te vai criticar, que te vai julgar e que te vai apontar o dedo – mesmo sem te conhecer.

Por isso, aprendi que agradar, só a nós o devemos. O nosso caminho (só) a nós diz respeito. E a vida, a seu tempo, encarregar-se-á de te mostrar quem fica e quem vai.

Por isso, não percas muito tempo e alimentar o ego dos outros.

Lembra-te: quem faz parte do *teu caminho*, não te julga e quem não faz, não te conhece.

15.

E, depois, há aquelas pessoas que gostam de ti, tal e qual como és.

As que te aplaudem nos dias bons, mas, essencialmente, as que não te julgam nos dias maus.

As que te dizem que não tens de ser sempre forte, mas que nunca te deixarão cair.

As que nem sempre vão concordar contigo, mas que ficarão para te ouvir.

As que, no dia seguinte, te dizem: *'Bora, tu consegues!*

São essas pessoas que devemos querer na nossa vida, que devemos cuidar.

Quanto às outras? As outras fazem parte de um processo de aprendizagem, não fazem parte da tua vida.

16.

Condenamos mais vezes do que elogiamos.
Apontamos o dedo mais depressa do que nos corrigimos,
criticamos mais rápido do que perdoamos.

Mas, a verdade é que
ninguém sabe o que se passa dentro de cada um.
Ninguém sabe quanto espaço a dor ocupa,
  nem o tamanho de cada luta.
Ninguém sabe a dimensão do sofrimento,
  nem o esforço de cada batalha.

Todos temos as nossas razões e elas não têm de ser necessariamente
iguais. Nem melhores ou piores. São apenas as razões de cada um.

Por isso, sê gentil. Não faças das tuas palavras, armas, nem das acu-
sações, tiros. Porque as palavras que hoje atiras, poderão ser as mesmas que amanhã te irão acertar.

17.

Para hoje:
agradecer por mais um dia,
ter fé na vida e confiar no que está para vir.

Coisas boas (também) acontecem.

18.

Talvez precisemos de perceber que o que nos faz feliz
não é termos tudo o que desejamos, mas sim,
sermos gratos por tudo o que temos.

19.

Quem te quer bem, quer-te bem todos os dias.
Quem te ama, ama-te tal e qual como tu és.
Quem te quer na sua vida, não te quer só de vez em quando,
quer-te (para) sempre.

Por isso, importa-te com quem se importa,
cuida de quem te cuida e
fica com quem vem para ficar.

20.

Os amigos existem para nos garantir que,
mesmo nos dias menos bons,
há pessoas que *(ainda)* fazem tudo isto valer a pena.

21.

Rodeia-te de pessoas boas, agradece o que tens e pratica o bem.
O resto vem.

22.

Reciprocidade. É (só) disso que se trata.
Tratarmos o amor com amor,
darmos (mais) valor a quem fica e
sermos (in)diferentes com quem vai.

23.

Dos que ficam, dos que pisam o mesmo chão: *obrigada* por estarem (sempre) presentes nos dias menos bons e por serem os primeiros a aplaudir nos dias vencedores.

Convosco não preciso de usar maquilhagem, de ter cabelos bonitos ou de vestir roupas engomadas.

Não é isso que conta (nunca foi). O que conta, o que nos faz ficar, é saber que, convosco, um copo de vinho terá sempre mais sabor, um almoço cairá muito melhor e a vida fará sempre (muito) mais sentido.

24.

Talvez o segredo esteja em escolher
(apenas) as pessoas que nos escolhem.

25.

Algumas pessoas irão amar-te por aquilo que *tu* és.
Outras, porém, irão iludir-te. Irão começar por dizer-te
como gostariam que fosses, o que gostariam que tu fizesses e
a forma como gostariam que tu as amasses.

As primeiras vão aprender a gostar de *ti,*
as segundas nunca deixarão de gostar (apenas) delas.

26.

Nem todos os dias vão correr como desejamos.

Nem sempre vamos usar as melhores palavras e
nem sempre vamos conseguir ser gentis (com os outros).

Mas, no final do dia, a vida dá-nos a possibilidade de
agradecer ou de reclamar.

E quase sempre temos mais a agradecer.
Talvez seja a vida a dizer-nos que isso também é uma forma de
continuar.

27.

Tudo o que tens é (muito) maior do que o te falta.

Agradecer o que tens, é perceber que a *felicidade* não está nas coisas, está em ti!

28.

Não há *pessoas certas*.

Há, sim, pessoas que não hesitam em ficar
nos momentos em que todas as outras decidem ir.

29.

Chegar ao fim do dia e ter um dia para agradecer,
é o melhor *presente* que a vida te pode oferecer!

30.

O que o tempo ensina:

aprender a ignorar quem não importa,

deixa-nos o caminho livre para quem se importa.

31.

Troquei o continuar a chorar por quem sai da minha vida, por começar a agradecer a quem chega *(e fica)*.

32.

Nunca chegas a saber o impacto que as tuas palavras podem ter na vida de alguém. Do quanto elas podem mudar o dia, a semana, a vida de quem está por perto. Nunca chegas a saber o quanto vale um *gosto de ti*, um *és especial* ou um *tu contas, sim!*

Por isso, antes de te decidires a dizer o que quer que seja, pensa que do outro lado está alguém que, tal como tu, também se magoa, também chora e também sente. Nunca chegamos a saber o impacto que temos na vida de alguém porque, na verdade, nunca ninguém sabe o que se passa (ou passou) dentro de nós.

33.

As únicas pessoas que *(te)* fazem falta
são as que não *(te)* deixam sentir a falta delas.

34.

Nada acontece por acaso.

Nem mesmo as pessoas que chegam (e não ficam) e
todas as outras que aparecem de repente na nossa vida.
Sem contarmos.

Todas vêm para nos ensinar.

E o mais curioso é que quase sempre aprendemos
mais sobre nós do que sobre elas.

35.

Era tão mais fácil se, primeiro,
todos pudéssemos viver para, então, sim, depois falar.

(Todos devíamos experimentar os sapatos uns dos outros.)

36.

Serei para ti o que tu fores para mim.

E isto nada tem a ver com ressentimento, rancor ou vingança
(isso é outra coisa que há muito deixei para trás).

Chama-se *ser recíproco*.
Onde houver amor, eu fico, onde houver vazio, eu devolvo.

37.

Dá sempre o melhor de ti.

Mesmo quando ninguém estiver a ver.
Nem sempre os melhores espetáculos são os que têm mais público.

38.

Ser *rico* é ter por perto as pessoas certas.
É ter por perto quem não tem pressa de ir embora,
quem fica (sempre) mais um bocadinho,
quem quer saber de nós.

As pessoas certas não são (só) aquelas
com quem falamos todos os dias.
As pessoas certas são precisamente aquelas
com quem não precisamos de falar
(para sabermos que estão lá).

39.

Tenho queda por pessoas bonitas.

Daquelas que ligam sem estarmos à espera,
que nos dizem *'gosto de ti'* e que ficam mais um pouco.

Sei lá, fazem-me acreditar que isto tudo (ainda) vale a pena.

Se fizer o balanço,
continuo a ter (muito) mais coisas para agradecer do que para lamentar.
Acho que esse é o segredo *(da vida)*.
Continuamos por cá *(e com saúde)*.
E só isso *(já)* é uma grande dádiva.

40.

41.

A todos os que ficaram.

Aos que não desistiram de mim,
aos que relevaram as vezes que falhei (e sim, falhei muitas vezes)
e aos que, insistentemente, me disseram que ia ficar tudo bem.

Foram várias as vezes que repeti
que não preciso de quem se vai embora;
que só vai embora quem não é para ficar,
mas julgo que me falta falar (mais vezes)
da importância dos que ficam (todos os dias).

Continuo a não precisar de quem não vem para ficar,
mas a vida não (me) fazia qualquer sentido
se não existissem as pessoas que sabem ficar!

42.

O que a vida já (me) ensinou:

Que sobrevivo com menos de metade da roupa que possuo;
Que a liberdade pode bem ser ir só até ao outro lado da rua;
Que o que conta é o hoje (amanhã é demasiado incerto);
Que maiores do que os meus planos, são os planos da vida;
Que os amigos verdadeiros não conhecem distâncias;
Que os outros amigos (já) não fazem falta;
Que ninguém se salva sozinho;
Que se estamos a ler esta mensagem com saúde,
    devemos estar (muito) gratos.

43.

Por vezes, a vida tira-nos do caminho algumas coisas (e pessoas) para que consigamos ver o que (e quem) realmente importa.

44.

Cuida dos teus.

E cuida com amor.
Cuida com cuidado, com gentileza.

Presta atenção ao que eles precisam, ao que (não) dizem.
A vida tem ensinado (muitas vezes, da pior forma)
que o nosso maior bem é continuar e tê-los à nossa volta.

De nada vale ter muitas coisas se depois não houver ninguém
com quem as partilhar.

45.

Ao longo da vida, conheci vários tipos de pessoas.
Umas incríveis que me ajudaram a ser incrível como elas.
Outras, porém, apenas me fizeram perceber
que só seria incrível sem elas.

Agradeço a todas.

A umas, por se manterem na minha vida,
a outras ,por terem escolhido não fazer parte dela.

46.

Gente bonita atrai gente bonita.

E mais:
gente bonita não precisa de tirar a felicidade dos outros
porque (já) é feliz.

É dessa gente que o (meu) mundo precisa.

47.

A vida ensina que nem sempre vai dar *certo*,
mas também se certifica que não vai dar *errado* para sempre.

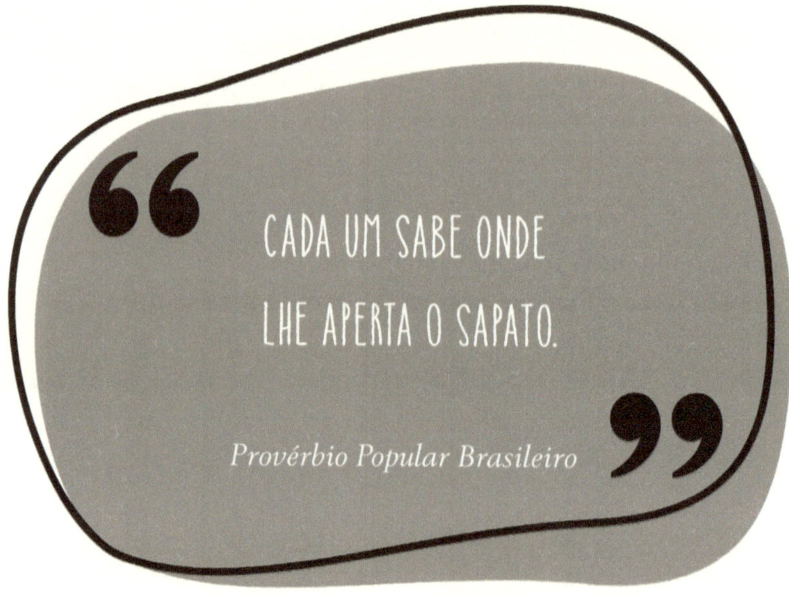

CADA UM SABE ONDE
LHE APERTA O SAPATO.
Provérbio Popular Brasileiro

paz (interior)

1.

A vida ensinou-me que a opinião dos outros é só isso,
a opinião dos outros.

Há decisões (e escolhas) que só tu podes tomar.
És tu quem mora dentro de ti, por isso,
a maneira como arrumas a casa, só a ti te diz respeito.

2.

Às vezes, é preciso ficar sozinho(a).

Silenciar o mundo lá fora e escutar o ruído cá dentro.
É preciso deixar para trás o *online*, os *likes*, o *status*.
Os outros. Ficar a sós.

Devemos ouvir o que o nosso coração tem para dizer.
Devemos ouvi-lo bater e saber o que o faz sentir vivo.

Às vezes, é preciso parar para podermos continuar.

3.

As pessoas até podem imaginar, mas, na verdade,
ninguém sabe o que se passa dentro de nós.
Por isso, quando não puderes ajudar,
não te julgues no direito de criticar.
É que, por vezes, *não atrapalhar* já é uma grande ajuda.

4.

Encontrei a minha paz (interior)
  quando deixei o meu passado em paz,
    quando abandonei as expectativas sobre o meu futuro e
      quando comecei a ser (mais) grata pelo meu presente.

A vida ensina que as coisas nem sempre vão acontecer
quando queremos, nem da forma como queremos,
mas vão acontecer da forma como precisamos que aconteça.

Todas as coisas têm um tempo próprio para acontecer e
se for para chegar até nós, a vida encontra maneira
delas serem nossas.

No tempo certo.

5.

Percebes que alcançaste a tua paz (interior) quando,
entre os rancores do passado e as incertezas do *futuro*,
preferes ser grato(a) às coisas (e pessoas) do *presente*.

6.

Já corri atrás do mundo,
já acreditei que o conseguia mudar,
já esperei que as pessoas mudassem e
já mudei por causa delas.
Já achei que viver era ser-se intenso, era transbordar de amor.
Já achei que a vida era lutar por alguma coisa e, a seguir,
    voltar a lutar por outra.

Depois, a vida ensinou-me que afinal
o mundo corre sempre mais depressa do que nós.
Que as pessoas não (se) mudam e que
mudar por causa delas é o mesmo que morar fora do corpo.

Aprendi também que as coisas acontecem
    quando têm de acontecer e que (só) fica na nossa vida
    quem tiver de ficar (e ainda bem).

Não vale a pena tentar atrasar ou adiantar o tempo.
Tudo tem um tempo próprio para acontecer e
    nada acontece por acaso.

O que estiver guardado para nós, a nós chegará.

A vida ensina que o segredo é deixar de procurar lá fora aquilo que
primeiro temos de encontrar dentro nós.

A paz interior. É assim que (se) começa.

7.

Ressignificar:

É aprender que tudo se resume à (nossa) paz interior.
O resto é reciprocidade.

8.

A paz (interior) exige que deixemos para trás algumas coisas
(e pessoas também).

9.

Não tens de contar tudo da tua vida. Não és obrigado(a) a revelar tudo o que te acontece. Há coisas que só a nós dizem respeito.

Há alturas em que nos devemos reservar. Encontrar em nós o melhor amigo, o melhor conselho, o melhor silêncio. Por vezes, precisamos de arrumar o nosso coração. Guardar o bom e largar o mau. E depois continuar.

10.

Nem sempre é sobre o que os outros pensam (quase nunca é). Nem sempre é sobre o que os outros querem (que sejas). A vida é essencialmente sobre ti (e não sobre os outros). És tu quem decide como queres viver a vida. És tu quem escolhe o caminho que queres percorrer. E és tu quem o vai percorrer.

Ninguém vai viver por ti.
Ninguém vai ser feliz por ti.

Devias ouvir-te mais vezes. Devias ligar mais ao que tens para te dizer e menos ao que os outros têm para especular (sobre ti). Tu sabes sobre ti, os outros supõem. Porque a vida nem sempre é sobre aquilo que os outros querem. A vida é essencialmente sobre aquilo em que acreditas (poder) ser.

11.

Não é vergonha pedir ajuda. Não é vergonha não saber o que fazer, que caminho escolher ou que decisões tomar.

Não é vergonha perdermo-nos de nós.

Só assim nos conhecemos verdadeiramente. Do que devemos ter vergonha é de não ajudar. É de ignorar, de virar a cara e de olhar (só) para o nosso umbigo. Do que devemos ter vergonha é de dizer que não temos tempo, mas que temos de combinar qualquer coisa, que agora não dá jeito ir beber um café, mas que depois havemos de marcar. Do que devemos ter vergonha é de não ligar a um amigo, de adiar uma conversa, de não querer saber como ele está. É verdade que nem sempre podemos mudar os desígnios da vida (ou de Deus), mas, às vezes, podemos mudar a vida de alguém. Basta não ter vergonha de ser presente.

12.

Coisas que a vida ensina: nem sempre vamos ter razão. Todas as coisas têm um tempo próprio para acontecer. Não vale a pena insistir em quem não é para ficar.

O que é teu, vai-te encontrar.

Nem toda a gente vai ficar na tua vida. Os dias maus também chegam ao fim. As coisas boas acontecem quando estamos dispostos a deixar as más para trás.

13.

A vida ensinou-me que o mais importante é a *(nossa)* paz interior.

Nunca vais conseguir agradar a toda a gente, por isso
foca-te (mais) em ti.

A paz chega quando perceberes que
a única pessoa a quem deves agradar é a ti mesmo(a).

14.

Pessoas felizes fazem outras pessoas
(mais) felizes.

E quem não tem a capacidade de
te fazer feliz, não merece a
tua felicidade.

15.

Chega a uma altura das nossas vidas em que o mais importante
é estarmos em paz (connosco). Já não importa quem foi embora,
quem nos traiu ou quem nos falhou.

(Só) conta quem fica.

Conta quem nos manda mensagem e quem nos diz que vai
ficar tudo bem. Estar em paz connosco, deixa-nos em paz com os
outros. E chega a uma altura das nossas vidas, em que estar em paz
é a nossa prioridade.

16.

A vida ensina(te) que nas tuas conquistas
irás ver muitas pessoas na *primeira fila*.

Nunca te esqueças que, umas chegam para te aplaudir,
outras, contudo, ficarão à espera (só) para te ver cair.

Com o tempo, a vida ensinou-me que
não são as pessoas que (nos) desiludem.

São as *expectativas* que criamos sobre elas.

17.

No final, (já) não importa
   quem (nos) falhou,
   quem (nos) desiludiu,
   quem se afastou.

Com o tempo, aprendemos que
o mais importante é a nossa paz interior.
E aprendemos também que essa é a única coisa que
não devemos permitir que nos falhe,
que nos abandone e que se afaste de nós.

18.

19.

A vida tem-me ensinado que, no final do dia,
o que importa é saber que os nossos continuam perto de nós
(mesmo que distantes).

20.

Não é por sermos boas pessoas que temos de aceitar tudo. Estou até convencida de que aprender a dizer *não* tornou-se num exercício muito mais importante do que o contrário.

Só tu sabes o que é melhor para ti, quais as tuas convicções e qual o melhor chão para pisares. Uma coisa é não quereres mal aos outros, outra bem diferente é deixares de te fazer o bem.

21.

(Já) não peço muita coisa na minha vida:
que os meus se mantenham por perto e saudáveis.

A vida ensina que o mais valioso não é o que a gente possui,
é o que a gente partilha (com os nossos).

22.

O que a vida (me) tem ensinado:

que chegar ao fim do dia e ter saúde (e os nossos também) é a nossa maior (e melhor) conquista.

23.

Chega a uma altura da nossa vida em que
a paz (interior) vem para ficar.
E quando isso acontece,
(já) não importa quem não nos queira acompanhar.

24.

Nós atraímos aquilo que *somos*.

E é por isso que as coisas tóxicas (e as pessoas também)
não conseguem ficar durante muito tempo (nas nossas vidas).

E, ainda bem!

25.

E, aos poucos, vamos percebendo que o que importa (já) não é quem não fica na nossa vida e o porquê. O que importa é o estado em que a nossa vida fica depois dessas pessoas irem embora. E é por isso que muitas delas tentam voltar e nos dizem que estamos diferentes. Só que não estamos diferentes. Estamos (só) a ser recíprocos. Porque (já) não há nada que chegue à nossa paz.

26.

Exercícios (simples) da vida:
se não tens capacidade para te colocares no *lugar do outro,*
não tentes criticar o lugar em que o outro se colocou.

27.

Aprendi a dar importância
(apenas) ao essencial.

E a vida tem-me ensinado que o essencial pode ser chegar ao fim do dia, saber que os nossos estão bem e, antes de deitar a cabeça na almofada, agradecer por isso.

28.

Às vezes, é preciso parar.
É preciso baixar as luzes e deixar que o silêncio entre.
Devemos abandonar opiniões, ruídos e outras vozes.
E depois ouvir. Ouvir o que a vida tem para nos dizer.

Não permitir que nada interfira entre nós e nós.

E, então, seguir.
Não nos devemos esquecer que
a vida mostra-nos (sempre) o que precisamos,
os outros, por vezes, mostram-nos (apenas) o que precisam de nós.

Podemos adiar algumas decisões durante algum tempo, mas não podemos adiá-las durante todo o tempo. Chega a uma altura das nossas vidas em que precisamos de ficar em paz. E para que isso aconteça, é preciso colocar as coisas no sítio certo. Ficar com o que (ou quem) nos faz bem (e agradecer por isso) e desapegarmo-nos do que não presta (para nós).

O pior dos sentimentos é confundir *apego* com *amor*.

29.

A vida ensinou-me que depois disto tudo, depois das más escolhas, depois dos caminhos que não levam a lado nenhum, depois das pessoas erradas, vem a paz interior. E ensinou-me também que essa é a verdadeira conquista do ser humano (não são coisas, nem pessoas). E isso conquista-se quando percebemos que, por muito que o mundo esteja bagunçado do lado de fora, (já) não há nada – nem ninguém – que nos roube de nós (do lado de dentro).

Por isso, nunca deixes de remar porque, depois da tempestade, vem a bonança.

30.

31.

Às vezes, é preciso mantermo-nos longe daquilo que nos faz mal.
Nem sempre sabemos o que (e quem) chega para nos ferir.
Mas a vida, essa, tem a capacidade de nos mostrar.
Por isso, por vezes, fico longe.
Umas vezes para pensar,
mas outras vezes (mantenho-me longe) porque já pensei.

32.

(Já) não sinto raiva de quem foi embora. Nem culpa.
Com o tempo, também deixei cair os comos e os porquês.
Aprendi que nem todos vão ficar (e ainda bem).
E que a vida encontra sempre maneira de tirar do caminho
o que (e quem) não vem para fazer parte dele.
Quem vem para ficar, continua a caminhar a meu lado.
E é quando percebes isto que começas a perceber tudo
(chamam-lhe *paz interior*)!

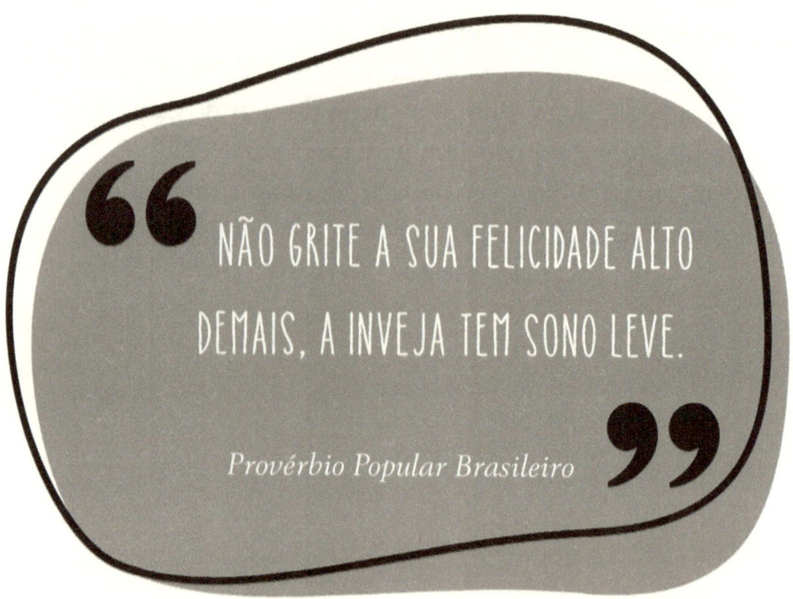

NÃO GRITE A SUA FELICIDADE ALTO DEMAIS, A INVEJA TEM SONO LEVE.
Provérbio Popular Brasileiro

amor (próprio)

1.

O verdadeiro perdão não é quando deixas alguém voltar,
o verdadeiro perdão acontece quando deixas alguém ir
(da tua vida).

2.

Regra nº 1

Ser feliz.

Regra nº 2
Não deixar que ninguém desrespeite a regra nº 1 (nem nós).

3.

O que eu mostro de mim não me define.
O que tu fores para mim,
é o que vai definir aquilo que eu vou ser para ti.

4.

Não julgues que me afastei por estar mais ocupada,
por ter outros interesses ou por ter encontrado pessoas melhores.
Apenas aprendi a ser mais recíproca,
   nas escolhas,
      nas pessoas,
         na indiferença.

5.

A primeira coisa que tens de saber sobre mim:

serei para ti o que tu fores para mim.

Escolhe a forma como me queres conhecer.

6.

Gosto das pessoas que
não precisam de diminuir ninguém para se tornarem grandes.
Não sei, têm outra plenitude.

Nunca é sobre o que os outros pensam de ti.
É sobre o que tu *deixas (de) ser* por causa dos outros.

7.

Curioso, quando descobri que só precisava de mim para ser feliz, muitas pessoas passaram a querer fazer parte dessa felicidade.

8.

9.

Não permitas que ninguém tenha
a audácia de te amar menos do que
mereces.

Nem mesmo tu.

10.

Não te deixes secar.
Não te deixes secar por essa certeza de que não voltarás a amar.
Não te deixes secar por essa mágoa que insiste em ficar.
Essa chama que te fere.
Que te rasga,
Que te cega,
Que te cala,
Que te nega.
Essa chama que te percorre
É a mesma que te socorre.
Nunca deixes secar,

Tu. A única pessoa que não deves deixar de amar.

11.

Nunca ficarás sozinha quando descobrires que tu
és a melhor companhia de ti mesma.

12.

Estar sozinho(a)
não significa não gostar dos outros.

Por vezes, significa apenas que passámos a gostar (mais) de nós.

13.

Se há uns anos me dissessem que o amor teria de vir sereno, sem grandes sobressaltos, que era assim que se deveria instalar (em nós), de forma tranquila, eu diria que até poderia ser assim, dessa forma meia morna, mas não para mim. Para mim, o amor sempre se conjugou de forma desenfreada, quase de forma insana. Querer o outro, era querer mais do que a mim própria. Gostar, era mostrar o quanto se gostava. Mas, na maior parte das vezes, acabava por mostrá-lo da pior maneira. Sofrendo. Sofrer por amor. Se houve expressão que eu soube conjugar, foi essa. Sofrer por amor. Dizem que o amor não se escolhe. Eu cá desconfio que os meus amores foram todos escolhidos a dedo. Os amores fáceis não me ofereciam sabor, nem me eriçavam a pele. Não me aceleravam o coração. Se era fácil, era porque não era amor – pensava eu. Amor para ser amor tinha de causar insónias. Não deixava repousar o corpo porque a alma ficava inquieta. Acreditava que os amores impossíveis são possíveis e se fosse preciso arredava a maior montanha do mundo para o provar. Amava às três da manhã porque o amor não se compadecia com a espera dos melhores horários. Amava sem condições e convencia-me que assim é que era amar em condições. Amava para sempre, só que o meu «para sempre» vinha com os dias contados. E lá estava eu a sofrer outra vez por amor. Sofria por amar e sofria ainda mais para deixar de amar.

Mas depois vem a vida e ensina, à conta de tantas noites sem dormir, que todas estas verdades com que aprendi a viver, tinham um preço demasiado alto a pagar. O amor-próprio.

– Senhor revisor, mas é preciso tirar bilhete para esta viagem?

– Todas as viagens têm um preço, menina.

E acabava por pagar a tarifa máxima pelo trajeto, como se de uma multa se tratasse por não me ter prevenido antes. Convidavam-me a sair na próxima paragem e ali ficava a lamber as próprias feridas. Era nesse momento que olhava para o lado e reparava quem tinha sobrado. Eu.

Com uma bagagem cada vez mais pesada, quase impossível de transportar até à próxima viagem. Parada no tempo e com todo o tempo, abria a mala e olhava para o conteúdo. O que trazia lá dentro? Amores sofridos? Mágoa? A certeza de que só sabia amar assim? Era isto que o destino tinha reservado para mim? Sacava peça a peça, memória a memória, mágoa a mágoa e continuava a procurar pela peça mais importante daquela mala. Não a encontrava. Afinal, onde ficara o amor (próprio)? Em que paragem saíra? Não deveria ser a peça mais importante?

É então que percebo que a deixara cair há muito, numa qualquer estação. E ali, sentada comigo mesma, percebo que transportava uma mala cheia de nada. Como era possível o nada ter tanto peso? Depois pego num lápis velho do fundo da mala e (re)começo assim:

Já quis que o amor fosse louco. Já quis tanto que, de tanto querer, o amor me soube a pouco. Já quis que o amor fosse insano. Já o achei sagrado e de tão sagrado que era, depressa se tornou profano. Já achei que o amor não me cabia no peito. Era tão maior do que eu que não condizia com respeito. Já morei em amores de instantes. Já aluguei amores ausentes, já tive amores distantes. Já deitei amor fora por não saber o que lhe fazer. É que o amor não consumido, azeda, não se deve manter. Já transformei amor em raiva, já perdoei um amor não correspondido, já achei que para ser amor, só valia se fosse sofrido. Já dei mais do que devia dar, já me senti a mais amada, já achei que tinha tudo, e já vi tudo transformar-se em nada. Já morei sozinha no amor, por achar que amar bastava. Mas amar os outros esquecendo-me de mim, é dar amor e ficar com nada.

Já quis que fosse tudo.

Tantas vezes pedi que desse flor…

Hoje, tranquilamente, digo:

– Para mim, basta-me que seja Amor.

(Levantei-me, deixei a mala naquela estação e fui ser feliz).

14.

Sabes o que me faz gostar de ti? Deixares-me gostar de mim. Assim, tal e qual como eu sou. Umas vezes sem jeito, outras com tanto amor que parece não me caber no peito. Assim, da forma como eu sei ser. De gargalhada estridente e de sorriso presente. Sabes o que me faz mesmo gostar de ti? Deixares que exista um eu, neste espaço que se conjuga no plural. Deixares que isso exista sem que isso nos faça mal. Sabes porque gosto de gostar de ti? Porque me acrescentas e isso não me subtrai. Sabes o que é que importa no gostar? É querer conjugar um nós, e deixar o eu ficar.

15.

A vida ensina. E o tempo também. A mim tem-me ensinado coisas maravilhosas (e sábias). Por exemplo, aprendi que devemos perder mais tempo connosco do que com os outros. Que devemos ligar mais ao que sentimos e dar mais importância àquilo que realmente importa (a nós). Aprendi também que, com isso, não deixamos de gostar das outras pessoas, apenas aprendemos a gostar (e a cuidar) mais de nós.

16.

Ainda resto eu, aqui, deitada nesta cama. Mesmo que continue a parecer uma cama demasiado grande para uma pessoa só — há noites em que é gigante —, mesmo que continue a reservar(-te) o melhor lugar. Mesmo que os meus braços não encontrem os teus para um aconchego demorado, ainda resto eu.

A vida tem-me ensinado coisas fantásticas. Afinal, sempre foi assim. Afinal, no final, (ainda) restamos nós. Não sei porque teimamos em fazermo-nos tanto mal.

Se as coisas corressem sempre bem, isto não causaria tanta mossa. Conhecíamos uma pessoa, apaixonávamo-nos e vivíamos felizes para sempre. Mas nem sempre é assim. Recuemos um pouco. Apaixonamo-nos por alguém. Alguém apaixona-se por nós. O que fazemos a seguir? Depositamos a nossa vida nas mãos dessa pessoa. Gostamos que os outros cuidem de nós e facilmente passamos a depender disso. Fazemos com que a nossa felicidade dependa disso. Parece que só conseguimos ser felizes se formos felizes com alguém. Quando essa felicidade acaba — quantas vezes já acabou para cada um de nós? —, parece que até respirar custa. Parece que já não sabemos como se vive (ou já não queremos viver). Já não faz sentido. Não assim. Não sem que o outro nos diga como fazemos para ser felizes. É nessa altura que percebemos que não restou nada de nós. Que demos tudo e não ficou nada (nem nós). E fazemos isto as vezes necessárias até percebermos que sempre que olharmos para o lado, quem lá está somos sempre nós (nunca o outro). Porque não é o outro que está lá para te secar as lágrimas, nem para te ensinar a parar de chorar. Não é o outro que te diz como se volta a adormecer sozinho numa cama, fria e vazia. Não é o outro. És tu. Sempre foste tu.

É no momento em que restamos só nós, que percebemos que somos os únicos a derrubarmo-nos para a seguir nos erguermos. Depois de acharmos que nada faz sentido, passamos a ter a certeza de que se não fizer sentido sozinhos, também não vamos fazer sentido com ninguém. E o que ontem pensávamos que não voltava a ser um sorriso, hoje é uma gargalhada. E se ontem dizíamos que só restávamos nós, hoje orgulhamo-nos em dizer que, aconteça o que acontecer, ainda restamos nós.

Ainda resto eu, aqui, deitada nesta cama. Mesmo que continue a reservar(-te) o melhor lugar, mesmo que continue a querer uns braços que me envolvam num aconchego demorado, esta nunca será uma cama vazia... porque ainda resto eu.

17.

E viveram felizes para sempre!

Habituamo-nos a ouvir esta frase desde que nascemos. Foram muitas as histórias que saíram do papel para o nosso imaginário. Foram muitos príncipes e princesas a viverem felizes para sempre. Fomos felizes com eles e por eles. E, de tanto os vermos felizes, passamos a querer ser felizes (para sempre) como eles. Assumimos isto como uma missão na nossa vida. Formatamo-nos para encontrar alguém. E quando encontramos, tentamos que seja para sempre. Quantos para sempre já tivemos?

— Desta vez é que é para sempre – dizemos, com o peito cheio de certeza. Só que nem sempre é para sempre. Tenho visto pessoas sozinhas que não estão sós e outras acompanhadas que vivem na solidão. Temos pressa em amar. Temos urgência em encontrar quem está reservado para nós. É nisso em que devemos acreditar, que por esse mundo fora, há alguém à nossa espera. Alguém que também anda à nossa procura e que ainda não nos encontrou. Passamos mais de metade da vida, em busca não sabemos bem de quem.

Mas o para sempre insiste em não ficar e, aos poucos, a vida ensina-te que não tens de aceitar tudo e começas a perceber que nem tudo te serve. Afinal os grandes amores não foram assim tão grandes ao ponto de serem os maiores, caso contrário, ainda hoje eram amores. A vida vai-nos ensinando que grande só mesmo o amor que devemos ter por nós. É esse que nos vai fazer balizar entre o que é importante e o que deixa de ter importância. Aos poucos, deixamos de procurar nos outros aquilo que passamos a encontrar em nós. Aquilo que esteve sempre em nós, à nossa espera. Deixamos de procurar um grande amor, para passar a procurar por um amor melhor. É esse que te vai fazer ficar. Para grande, temos o amor-próprio e esse, sim, quero que viva comigo feliz para sempre.

18.

Ontem, fui à loja comprar amor.

– Bom-dia! Queria comprar amor, por favor. Queria um amor daqueles verdadeiros, que nos tiram o fôlego; que nos atordoam o pensar e que nos fazem ficar assim meio tolas, sabe como é? Daqueles que nos fazem agir primeiro e pensar depois. Aliás, queria um amor daqueles que não nos dão tempo para pensar. Daqueles que nos fazem sorrir. Sim, mesmo quando estamos a dormir.

– E como o vai querer, menina? Num ramo de rosas? Em poema ou em prosas? Quer um jantar? Prometo que ainda virá a fumegar. Uma caixa de chocolates? Uma joia? Ou uma viagem? Aproveite, tenho aqui a última passagem...

– Não. Não percebeu, meu senhor. Eu vim aqui comprar amor! Não é aqui que ele está ao meu dispor?

Ontem, tentei comprar amor.

Mas não me venderam o que eu queria. Disseram-me que não tinham um amor assim, dessa forma que eu pedia. Ontem, fui à loja comprar amor. Porque queria tanto. Queria voltar a amar. Ter onde conseguir sossegar. Sossegar este desassossego que me tira o fôlego e onde me apego. Queria (tanto) que me chamasses tua. Aqui. Em (nossa) casa ou no meio da rua. Quis ir à loja procurar por ti. Fazer-te meu, poder viver o que o amor, um dia, me prometeu. Ontem, fui à loja comprar amor. Mas não (te) encontrei. Ainda bem. Afinal, o amor não se vende a ninguém. O amor não se procura, não se pede, não se amargura. O amor verdadeiro estará por aí. À solta. Num sorriso, num olhar, num beijo. No [teu] amar. O amor verdadeiro mora em mim. E se, um dia, eu [te] encontrar... é porque também esperaste para me amar.

Quando alguém te quer na vida, não arranja desculpas,
arranja tempo.

19.

20.

Quando conseguires amar-te verdadeiramente,
não voltarás a permitir que os outros te amem
menos do que isso.

21.

Não há duas pessoas iguais.

Cada um tem (dentro de si) os seus medos,
as suas dúvidas e o seu tempo. Cada um tem as suas razões.
É sempre mais fácil julgar (os outros) do que ajudar.
Mas, ainda assim, há quem fique.
Há quem, sendo diferente de nós, nos apoie.
E só vejo uma razão para isso acontecer.
A felicidade não conhece condição.

Quem tem felicidade própria,
não precisa de tirar a felicidade dos outros.

22.

Aprender a dizer não

é tão ou mais importante do que aprender a dizer sim.
Perceber que não temos de aceitar tudo,
que não temos de agradar a toda a gente,
que a nossa vida é a nossa vida
(e não a vida que os outros querem que vivamos)
é um dos conselhos mais sábios que a vida nos pode oferecer.
Aprender a dizer não ao que não nos acrescenta,
é aprender a acrescentarmo-nos.

23.

Por mais que, ao longo da vida,
as pessoas te abandonem,
o segredo é TU nunca te abandonares.

24.

Muitos vão criticar-te.

Outros irão julgar-te.
Nem todos vão compreender as tuas razões.
Mas só tu sabes o que vai dentro de ti. Por isso, faz o que tens a fazer. Segue o teu caminho. Lembra-te: muitos (só) criticam aquilo que gostariam de ser.

25.

Às vezes, deveríamos parar em frente a um espelho e dizer em voz alta:

– És incrível! E não mereces que (mais) ninguém duvide disso. Muito menos tu!

(E depois devíamos seguir e viver o que é nosso. No nosso tempo. As coisas acontecem num tempo certo. E não vale a pena antecipar o que tem um tempo próprio para acontecer. O que é nosso, a nós chegará. E se ainda não chegou, é porque a vida nos reservou coisas melhores.)

26.

Pessoas felizes também choram e também têm dúvidas. Mas são felizes porque não precisam de provar nada a ninguém e porque há muito que deixaram de querer ser perfeitas. Aprenderam a colocar--se em primeiro lugar e a ser recíprocas.

Pessoas felizes atraem pessoas felizes.

Quem é feliz, (também) fica feliz com a felicidade dos outros.

Chega a uma altura das nossas vidas em que
(já) não importa os que vão,
porque a prioridade passa a ser como tu ficas.

27.

Nós atraímos aquilo que somos.

E é por isso que as coisas tóxicas (e as pessoas também)
não conseguem ficar durante muito tempo (nas nossas vidas).
E ainda bem!

28.

29.

Todos nós, um dia, já fomos traídos. Por um amigo, por um amor, por um (des)conhecido. Em algum momento das nossas vidas, já ficámos desiludidos com alguém. Depois, ficamos frustrados por achar que não conhecemos bem as pessoas. Do que nos esquecemos é que essas pessoas vêm à nossa vida para nos ensinar mais sobre nós do que sobre elas.

30.

Não é a distância (física) que separa as pessoas.
É a ausência de afeto enquanto elas (ainda) estão presentes.

Deixei de ter necessidade de
mostrar tudo o que se passa minha vida.
A vida ensinou-me que muitas pessoas
aplaudem-te para te ver cair e não para te ver triunfar.

(As melhores coisas acontecem no silêncio.)

31.

Não esperes de mim a perfeição. Tenho dias bons e outros nem por isso. Tenho muitas qualidades, mas sou repleta de defeitos. Nem sempre me apetece sorrir, porém, também sei secar as lágrimas. O que fores para mim, eu serei para ti. No amor, na partilha, na indiferença. A vida ensinou-me que devemos priorizar quem nos prioriza.

32.

Eu não mudei.
Apenas aprendi que apego não é a mesma coisa que amor,
que quem importa é quem se importa e que

a opinião dos outros não me define.

34.

Quer faças bem ou faças mal, vai haver sempre quem fique para te aplaudir e quem chegue para te criticar. Por isso faz.

Faz à tua maneira.

Quem te conhece, ajuda-te a ser melhor, quem te critica nunca chegará a conhecer-te (verdadeiramente).

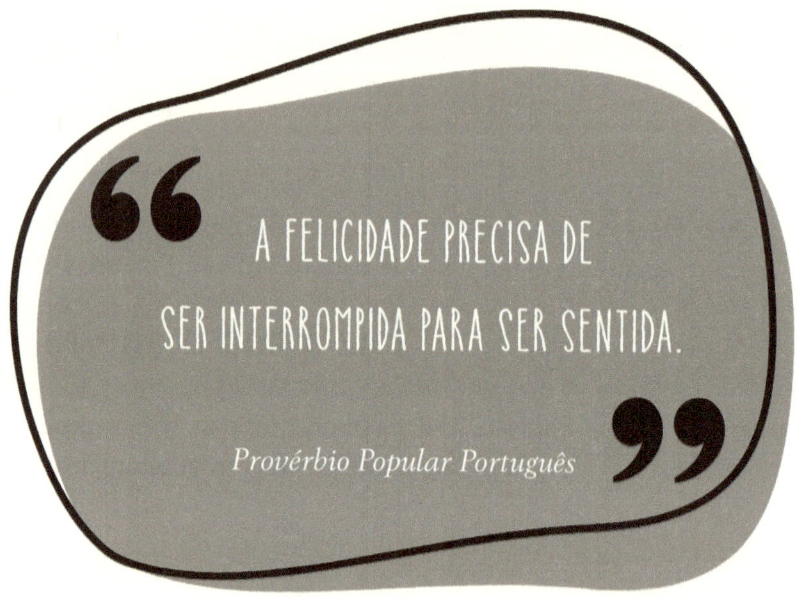

A FELICIDADE PRECISA DE SER INTERROMPIDA PARA SER SENTIDA.
Provérbio Popular Português

resiliência

1.

Já há muito que não espero por ninguém para ser feliz.
Aprendi que a felicidade não é uma responsabilidade dos outros,
é uma *conquista* minha.

2.

(Já) não choro por quem não ficou na minha vida,
(já) não corro atrás de quem não quer ficar e
(já) não demoro em sítios apertados.

A vida ensinou-me que nem todos temos as mesmas medidas,
os mesmos gostos e os mesmos *timings*.
Não vale a pena apressar aquilo que tem um tempo próprio
para acontecer.
Se ainda não aconteceu, é porque a vida
tem planos (muito) melhores para mim.
Porque tem.

3.

Todos embarcamos nesta viagem, que é a vida, sem saber o destino. Demoramo-nos mais numas paragens do que noutras. Às vezes, viajamos a alta velocidade, outras quase parados. Faz parte. É isso que nos faz crescer e que nos faz continuar. O que não devemos fazer, é viajar à frente do nosso tempo. É insistir no que não nos pertence e querer apressar o que tem um tempo próprio para acontecer. A vida nem sempre nos vai dar o que desejamos, mas irá colocar-nos onde precisamos de estar. E julgo que esse é o grande segredo desta viagem. Saber que, independentemente do destino, o que estiver guardado para nós, estará à nossa espera.

4.

Sigo em frente
Vestida de mim
Despida de gente

5.

Só serei verdadeiramente livre na proporção inversa da minha saudade se, um dia, conseguir ver no desapego o princípio de toda a verdade.

Só serei verdadeiramente tua se um dia chegar a ser minha. De todos os ensinamentos da vida, este é o que tenho de aprender sozinha. Só quero demorar-me naquilo que vale a pena, porque para me demorar no que não é verdade, já a vida me parece pequena. Só serei verdadeiramente livre na proporção inversa do meu querer. Quando eu não precisar de querer nada, nesse dia, serei livre para viver.

Só serei verdadeiramente livre na proporção exata de bem me amar.

Quando estiver pronta para gritar ao mundo que sou livre, estarei verdadeiramente pronta para me apegar.

6.

Sim, choro!

Choro porque sinto. E creio que sinto muito. Sinto tanto que, às vezes, me minto. Dizendo que não sinto, mas sinto. E é por isso que tantas vezes choro.

Sim, choro!

Porque chorar é a humildade da alma. E, se um dia, deixar de chorar, é porque me cansei de amar. E para isso, mais vale morrer. Porque se tiver de viver sem poder amar, desculpem, assim não quero viver.

Sim, choro!
Pior do que chorar por sentir, é não sentir nada para não chorar.

7.

Escrever sobre ti é diminuir-te, mulher.

É subverter a grandeza de que és feita.
É retirar-te a força do ser,
É embrutecer a delicadeza do teu querer.
Por mais que escreva sobre ti, mulher, por mais que te descreva e que te defina, ficará sempre tanto por dizer. Desse tanto de que és feita. Mesmo quando te sentes desfeita. Quantas vezes te tentam diminuir, mulher? Chamam-te fraca. Menos capaz. Mas tu, mulher, agarras nas fraquezas e fazes delas força. Uma força que te acompanha todos os dias quando te levantas e resolves sorrir. Pegas nas tuas (in)capacidades e mostras ao mundo o quanto és capaz. És dotada de uma sensibilidade única, quase premonitória, que te confere o poder de sentires como ninguém. És delicada como a seda e forte como o Golias. Às vezes, as maiores lutas não são aquelas que precisam de armaduras, são as que te ensinam a continuar a sorrir, mesmo quando só existem motivos para chorar.

Escrever sobre ti é diminuir-te, mulher.

Nunca vou conseguir dizer o valor que tens porque, muitas vezes, és tu quem insiste em não te dar valor.

E a tua beleza, mulher? Já reparaste como és linda? Mesmo atrás desse avental que insistes em não largar, mesmo com os cabelos desgrenhados, mesmo com as olheiras que encobres há anos, já reparaste como és linda? Sim, tu mulher. Tens uma beleza sem igual.

Sabes, mulher? A tua beleza não está no avental, nos cabelos desgrenhados ou nas olheiras. A tua beleza está no teu sorriso, bela é a tua força mental, a que te agarras como se de oxigénio se tratasse. Belo é o amor com que crias os teus filhos, belo é o que consegues com tão pouco.

Escrever sobre ti é diminuir-te, mulher.

Porque tu és maior do que as palavras.
És atitude.
Exemplo de força.
Dormes com a esperança.
És amiga da perseverança.
És sorriso,
Cuidadora.
És mãe,
És lutadora.

Escrever sobre ti, é diminuir-te, mulher.

Porque tudo o que consiga dizer, ficará sempre aquém da grandeza do teu ser.

Sabes o que fica?

Fica o simples, o que não requer grande sapiência, o que não exige esforço. Ficam os beijos dados antes de adormecer; as mãos dadas sem contar, os sorrisos ao acordar. Ficam os *gosto mesmo de ti*. E se alguém não te consegue dar isto, então, é porque não tem nada para te dar.

8.

9.

Sobre a resiliência:
Não é sobre do que se *resiste*,
É sobre do que não se *desiste*.

10.

O *problema das vírgulas é que,*
muitas vezes, adiam os pontos finais.

11.

Agora, é altura de apanhar os cacos e seguir em frente. É varrer o chão, limpar o que não interessa, e reconstruirmo-nos com o que temos. É pegar no que sobrou – e muitas vezes sobramos apenas nós –, respirar fundo e confiar na vida. É seguir com ela. É acreditar que o pior já passou e que saímos disto mais fortes. É agradecer a quem esteve por perto, mesmo que o perto tenha sido longe demais. É cuidar de quem cuidou de nós, mesmo só com um simples *Como estás?*

É ter fé. É acreditar que o que sobrou é uma versão muito melhor daquilo que achávamos que nos faltava.

12.

O mundo gira, dá voltas.
Encarrega-se de colocar as coisas no sítio certo.

O que hoje nos faz doer, amanhã far-nos-á levantar.
O que hoje nos tira a respiração, amanhã insuflar-nos-á o peito de ar.
O que hoje nos destrói é o que amanhã nos fará reerguer.

O mundo gira, dá voltas. Encerra em si novos ciclos.
Devemos deixar a vida fluir.
Haverá sempre um novo dia, uma nova esperança, um novo (re)co-
meço. Haverá sempre fins que têm de acontecer para dar lugar a
novos recomeços.

13.

Não faz mal não saber o que fazer. Não é isso que nos torna mais fracos. Há alturas da vida em que nada parece bater certo, que as peças parecem não encaixar e que a vida parece não andar para a frente.

Não faz mal ter dúvidas, não faz mal falhar e não faz mal não saber qual o caminho a tomar. Há alturas em que é preciso respirar fundo, acalmar o nosso coração e ter fé na vida.

A vida nem sempre nos dá o que queremos, mas, mais cedo ou mais tarde, mostra-nos o que precisamos.

14.

Talvez seja isso.
Viver um dia de cada vez.
Talvez o segredo esteja aqui.
Nunca ter nada como garantido,
nem dar nada como perdido.

A vida são pequenas doses de felicidade
que devemos consumir dia-a-dia.

15.

Os dias maus não duram para sempre.

Nem todos os dias são feitos de chuva e
o coração não se preenche sempre com dor.
A seu tempo, as coisas tomam o devido lugar.
A vida tem um tempo próprio para acontecer e leva-te sempre
para onde precisas de estar.
No teu caminho, ficarão as pessoas certas e,
as outras, a vida leva-as em dias de chuva.
Lembra-te: quando for para acontecer,
até os obstáculos te empurram para o sítio certo.

16.

Pessoas fortes também choram.

Pessoas fortes também têm dúvidas e também erram.

Pessoas fortes também precisam de um abraço – e, às vezes, precisam tanto – e também precisam de ter alguém que lhes diga que vai ficar tudo bem.

As pessoas fortes não são aquelas que nunca fraquejam.

Não. As pessoas fortes são fortes porque, tomando consciência das suas fragilidades, (re)constroem-se a partir daí. As pessoas tornam-se fortes quando são obrigadas a (re)erguerem-se do nada, a agarrarem nos cacos e a seguir em frente. As pessoas não são fortes porque nunca erraram, as pessoas são fortes porque se tornaram maiores do que os seus erros.

17.

Às vezes, é preciso parar de insistir. Deixar as coisas tomar o seu rumo e não querer fazer morada onde não existe lar.

Às vezes, é preciso deixar a vida decidir. Respeitar o tempo que as coisas têm e não querer antecipar o que tem um tempo próprio para acontecer.

Às vezes, é preciso arrumar o nosso coração. Arranjar (mais) espaço para as coisas boas e esperar que elas aconteçam. O que é nosso, a nós chegará.

Às vezes, é preciso dar tempo ao tempo. E, então, (re)começar a viver.

A única verdade que importa é a tua.

Só tu sabes o que vai dentro de ti. Só tu conheces os teus medos, as tuas angústias, da mesma forma que só tu podes alimentar os teus sonhos e dar-lhes forma. Podes (e deves) desistir do que não te faz bem, do que não te acrescenta, do que não te realiza. Mas nunca deves desistir de ti. Tu és a pessoa mais importante da tua vida e só tu sabes o que se passa aí dentro (mesmo que, por vezes, te façam acreditar o contrário).

18.

Quantas vezes achaste que não havia volta a dar e deste a volta por cima? Quantas vezes pensaste que era o fim e afinal era só o início de um grande recomeço? Quantas vezes reclamaste da vida e, mais tarde, acabaste por agradecer?

Não queiras antecipar o que tem um tempo próprio para acontecer.

A vida sabe o que faz e se ainda não aconteceu, é porque ela tem planos (muito) melhores para ti.

19.

20.

O que, muitas vezes, – demasiadas vezes – nos esquecemos, é que não viemos ao mundo para competir com ninguém. Quando muito, devemos guardar a certeza de que a nossa força, a nossa resiliência e a nossa coragem será sempre (muito) maior do que os nossos medos. O resto, bem, o resto devemos deixar para a vida. Ela encarregar-se-á de colocar cada coisa (e cada pessoa) no seu lugar. Cada um tem o seu espaço, o seu tempo e a sua vida para viver. Vive a tua vida. O que te pertencer, ninguém te tirará.

21.

Um dia, tudo vai dar certo.

E, quando olhares para trás, vais perceber que foi a tua resiliência que te fez andar para a frente. Foi por teres acreditado na tua força, naquela força que nem sabias que existia, que percebeste que, na vida, podes desistir de tudo, menos de nós. Podes não saber quando vai começar a dar certo, mas não te podes esquecer de que não vai dar errado para sempre.

22.

O melhor (conselho) da vida:

Todos os dias, a vida dá-nos a
oportunidade de sermos
a melhor versão de nós mesmos.

23.

As pessoas boas também erram.
   E também têm dias difíceis – e têm muitos.

As pessoas boas não são boas porque são melhores do que as outras.

As pessoas boas são boas porque não precisam de ser melhores
   do que ninguém para conseguirem ser felizes.

24.

Apesar de tudo, chegámos até *aqui*.
Nem sempre foi da forma como quisemos, mas foi da forma
  como teve de ser. É hora de seguir em frente.
Porque o que nos une (ainda) é mais forte do que o que nos separa.

25.

Pessoas boas já magoaram pessoas boas.
Pessoas boas já erraram, já tiveram dúvidas e também já tiveram medo.
Pessoas boas, a certa altura da vida, já tiveram dúvidas se eram boas.

Mas a diferença é que pessoas boas tentam ser melhores, as outras não.

Ei, moça,
Acho que é isto a que a gente chama viver.
Um dia, caímos para poder levantarmo-nos mais fortes.
Erramos para poder aprender.
Desiludimo-nos para, mais tarde, nos protegermos.
Encerramos ciclos para que outros (melhores) comecem.
E, entre um dia e o outro, entre os dias bons e menos bons,
Fica o que é verdadeiro,
O que faz isto valer a pena,
E o que nos faz acreditar que o que é nosso,
  um dia, acaba por nos encontrar!

26.

27.

Ei, moça,
Que és incrível, eu não tenho dúvidas.
Agora, o que faz de ti (ainda) mais incrível,
é conseguires superar-te, todos os dias,
com esse sorriso na cara.

28.

Não há pessoas certas.
Há, sim, pessoas com a mesma vontade que dê certo,
mesmo nos dias que têm tudo para dar errado.
Principalmente, nesses.

29.

E agora?
Agora fazemos como temos feito as outras vezes todas.
Erguemos a cabeça, respiramos fundo e confiamos na vida
[se estamos aqui é porque a vida (ainda)
tem grandes planos para nós].

30.

E se não der certo a gente tenta outra vez.
A vida ensina que a gente (já) não tenta pelos outros,
a gente aprende a tentar por nós.

31.

Pessoas incríveis são feitas de lutas por dentro e refeitas de sorrisos por fora.

32.

(Já) não é sobre quem te fez cair.

É sobre quem chega (sem contares) e *te faz levantar.*

33.

Há uma coisa que (algumas) pessoas deviam aprender:

Ficar Feliz com a felicidade dos outros
não diminui *a nossa felicidade*.

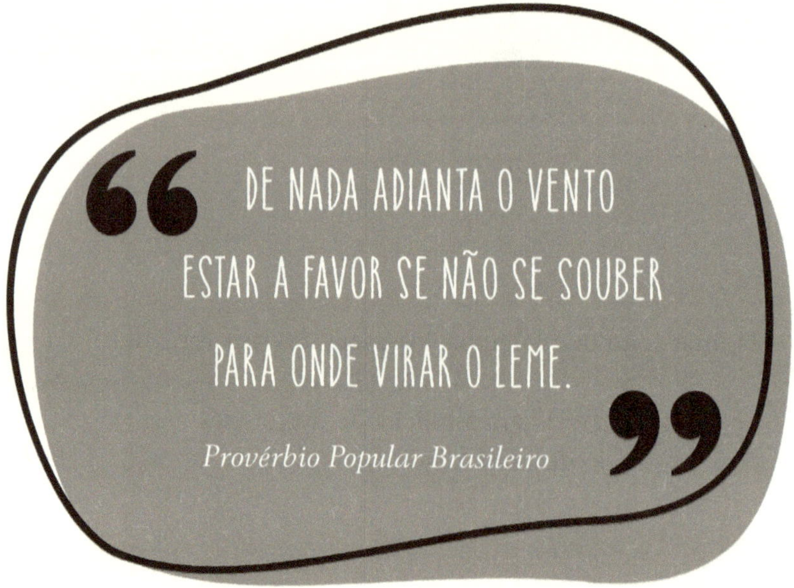

DE NADA ADIANTA O VENTO
ESTAR A FAVOR SE NÃO SE SOUBER
PARA ONDE VIRAR O LEME.
Provérbio Popular Brasileiro

fé (na vida)

1.

Coragem para não desistir
Resiliência para continuar
Fé para acreditar
Saúde para realizar

2.

O que a vida (me) ensinou:
Cada pessoa (só) oferece aquilo
   que tem a capacidade para oferecer.
Então, não devemos cobrar tanto aos outros, mas sim,
   (re)ajustar as nossas próprias *expectativas*.

3.

Quando não souberes o que fazer, a vida encarrega-se de fazer por ti.
Às vezes, só precisamos de respirar fundo,
de acalmar o coração e de (continuar a) ter fé.
Deixar as coisas *acontecerem*, também é uma forma de acreditar.

4.

E depois, há aquela sensação maravilhosa de ser. De se ter ido. Muitas vezes, cheios de incertezas. De se ter ido, sorrido e sentido. Somos mais um bocadinho cada vez que vamos. Cada vez que respiramos, que não paramos. Tudo o que vivemos, tudo o que cheiramos, tudo o que tateamos, que abarcamos, cada vez que abraçamos, tudo o que o universo nos desafia a alcançar, são histórias que não ficam por contar. Sempre que ousarmos viver, são horas a mais em que optámos por não morrer. São pedacinhos da alma que fizemos renascer. Todos os beijos que roubamos, as flores que cheiramos, todas as madrugadas aproveitadas, as gargalhadas gritadas são vidas respiradas.

O maravilhoso disto tudo?

É que isto já ninguém te tira. *Não se devolvem beijos roubados,* nem se esquecem as flores dos prados. E as madrugadas vividas, feitas de gargalhadas sentidas? Isso já ninguém nos tira ao viver. É aquela sensação maravilhosa de ser. Todos os dias, a vida dá-nos vida e, mesmo assim, morremos mais do que vivemos. Vive o que é teu. E o que (ainda) for para ser, estará à tua espera por viver. Porque se deres o melhor à vida, a vida devolve-te o melhor dela.

Hoje, vou descansar a bravura, vou despir as roupas pesadas. Vou pousar a armadura e entregar as botas usadas. Hoje, mostro as fragilidades, tal e qual como elas são. Vou descansar as marcas de guerra, mostrar as marcas do coração.

Hoje, pesa-me a bagagem do que um dia ficou para trás. O que em tempos já foi verdade e hoje não passa de um tanto faz. Superaram-se amores, curaram-se desamores. Corrompemos as promessas que eram para sempre. A vida segue sem esperar, há mais uma jogada pela frente. Mas hoje, quero descansar a bravura. Talvez me sobre a saudade. Vou confessar às estrelas, que me falta um amor de verdade. Hoje, não quero ser forte, nem ter a certeza de nada. Vou pedir aconchego às estrelas e dormir nelas, aninhada.

Passamos demasiado tempo a corrigir os erros do passado. Vestimo-nos de pessoas fortes contra tudo o que nos tenha magoado.

Mas, hoje, descansarei a bravura. Ficarei com a minha saudade. Entrego o meu coração, à espera que sejas verdade. Amanhã, acordarei mais forte. Talvez mais capaz. Porque, continuo a ter a certeza, que a vida sabe o que faz.

5.

Gosto das pessoas que ficam. Das que chegam para ficar.
Gosto das pessoas que erguem a taça e que ficam para brindar.
Gosto das pessoas que acrescentam vida à vida.
   Das que são feitas do verbo amar.
Gosto das pessoas que ficam. E das que fazem questão em ficar.
Gosto das pessoas leves.
Gosto das pessoas sem medo de errar.
Gosto das pessoas que choram Mesmo sendo feitas de gargalhar.
Gosto das pessoas que ficam.
Que caminham de braço dado.

Gosto das pessoas assim,
Que fazem esta viagem ao meu lado.

6.

7.

Não é a morte que me assusta,
o que me assusta é não viver
antes de morrer.

8.

– Como é que sabes que era [só] vontade e não era amor?

– Porque a vontade passa. O amor não.

9.

Sobre o (nosso) caminho:
Cada um tem o seu.
Tudo é uma aprendizagem.

Até os desvios fazem parte da viagem.

(O que é teu, a ti chegará.)

10.

A vida nem sempre te dá o que pedes,
mas mostra-te sempre
aquilo de que precisas.

11.

Já amei pessoas erradas. Já errei com pessoas certas.

Já deu certo quando era para dar errado e já deu errado quando jurei que ia dar certo. Já sofri antes do tempo e já me sobrou tempo para sofrer. Já fiz amigos improváveis e já deixei outros amigos pelo caminho. A vida ensinou-me que cada coisa tem um momento certo para acontecer. Não vale a pena querer ficar onde não há lugar para nós, da mesma forma que não vale a pena fugir do que nos está destinado. O que é nosso, a nós chegará. No seu tempo. E se ainda não aconteceu, acredita, é porque algo de (muito) melhor está para vir.

Confia!

12.

Aprendi que a vida é demasiado curta (e imprevisível) para perder tempo com o que não me acrescenta. Aprendi a não ficar onde não tenho lugar e a não insistir em coisas que têm um tempo certo para acontecer.

Aprendi, também, que a opinião dos outros é apenas isso. Uma opinião.

O que os outros sentem, nunca vai ser igual ao que eu sinto. Assim, agora mais do que nunca, a vida ensinou-me que ser livre não é só poder sair de casa (isso é um direito à liberdade), ser livre é focar-me no que me acrescenta, e que o meu caminho sou eu que o traço. Dele farão parte as minhas escolhas, as minhas decisões, os meus erros e as minhas conquistas. A vida é demasiado curta (e imprevisível) para se ficar preso à suposta liberdade que os outros querem para nós.

13.

Só avança quem (se) perdoa, quem não fica agarrado ao passado, quem dá uma oportunidade ao que há de vir.

Só avança, quem sem mantém leve, quem se permite a novos dias, a novos sorrisos, a novos (re)começos.

Só avança quem escolhe manter por perto quem nos faz bem e deixa de se importar com quem nunca chegou a fazer.

14.

Às vezes, só precisamos de respirar fundo, fechar os olhos e deixar a vida fazer o seu papel. Ter fé também é isso. Acreditar que dias bons estão para vir.

15.

Não te cobres tanto.

As coisas vão acontecer da forma como tiverem de acontecer.
E o que não for para dar certo, é porque não é o certo para ti.
A vida coloca-nos as coisas (e as pessoas) certas no caminho.
Da mesma forma que desvia o que (e quem) não vem para fazer
parte dele. Confia, o que for teu, a ti chegará! No tempo certo.

16.

Cuida das tuas feridas.

Não deixes que elas se tornem maiores do que tu.
Vão existir dias em que nada parece andar para a frente,
que nada parece ter saída, que até Deus
parece ter-se esquecido de ti.

Mas, vão existir outros em que percebes que
há pessoas que são postas no nosso caminho
para nos fazer seguir em frente,
para nos lembrar o quão fortes somos
e para caminhar ao nosso lado.
Por vezes, só precisamos de ter alguém
que nos diga que vai ficar tudo bem. E fica.

Respira fundo, agarra(-te) na fé e confia na vida.
Tudo tem um tempo certo para acontecer.

Devíamos aprender a deixar de insistir naquilo que não tem lugar na nossa vida. O que, muitas vezes, não quer ficar e nós prendemos. O que teimamos.

Devíamos aprender a deixar de insistir no espaço que nunca vai ser preenchido, apenas ocupado.

Devíamos aprender a deixar ir mais vezes, a confiar mais na vida e a respeitar o seu tempo. O que é nosso, chegará no tempo certo, encontrará o seu espaço (naturalmente) e fará o sentido que as outras coisas nunca fizeram.

Devíamos aprender a deixar de insistir em viver antes do tempo e arranjar mais tempo para aprender a viver.

17.

Nunca sabemos se vamos ter tempo para tomar todos os cafés que insistimos em adiar.

Nunca sabemos se vamos chegar a tempo de ter aquela conversa que deixámos para depois.

Nunca sabemos se o tempo nos dá o tempo suficiente para dizermos todos os gosto de ti.

Por isso, a vida ensinou-me a não deixar nada por dizer. Nem por fazer. Não adio durante muito tempo as minhas pessoas. Digo-lhes o quanto elas importam, faço-as perceber o quanto são especiais e o quanto sou grata por elas fazerem parte da minha vida. Porque ninguém se salva sozinho. E chegar ao fim do dia e saber que há alguém que se importa (connosco), faz-me acreditar que a vida (ainda) vale a pena.

18.

19.

A vida é curta demais para ficarmos à espera da pessoa certa, do momento perfeito, do tempo ideal. O segredo é aprender a ser recíproco. Se houver amor, fica, se trouxer dor, desapega. Lembra-te: o que é teu, a ti chegará. E o que não for para ser teu, a vida encarregar-se-á de tirar do teu caminho.

20.

Acima de tudo, acreditar (em nós)!

Porque acreditar (só) nos outros, muitas vezes, distrai-nos do nosso verdadeiro caminho.

21.

Promete(te) que vais ser feliz.

Que vais tentar, todos os dias.
É certo que vão existir dias em que vais ter dúvidas,
em que vais achar que não há mais soluções,
mais saídas, outros (re)começos.
Mas a vida ensina que há sempre novos dias,
novas conquistas, novos rumos, novas esperanças.
Quando achares que chegaste ao fim da linha, lembra-te de que,
por vezes, é necessário encerrarmos velhos ciclos
para que a vida nos possa mostrar outros (melhores).

22.

O *que (só) aprendemos com o tempo:*
o que é mau, a vida tira, o que é bom a vida mostra!

23.

Há coisas que não vamos conseguir mudar. Há histórias onde não vamos caber e há pessoas que não vão ficar (ao nosso lado). Mas a vida chega para ensinar que o que for nosso, o que estiver guardado para nós, irá chegar no tempo certo. Nem antes, nem depois. Por isso, devemos aprender a aceitar o que não conseguimos mudar, não devemos demorar onde não vamos ficar e devemos deixar ir quem não veio para nos acompanhar. É preciso respirar fundo, botar fé no coração e acreditar que o nosso (melhor) tempo (ainda) está para chegar.

24.

O *segredo é tratar as pessoas como elas nos tratam.*
No amor, na vida e na indiferença.
(E de repente, tudo começa a fazer sentido.)

Já conheci pessoas a queixarem-se de tudo e a não lhes faltar nada. E depois encontrei outras que, apesar de (quase) nada, viviam como se tivessem tudo.

Chamavam-lhe fé (e era suficiente).

25.

E, apesar de tudo, continuamos a sorrir, a tentar ser felizes e a seguir em frente. Se isto não é ter fé (na vida), não sei o que poderá ser.

Confia, coisas boas (ainda) vão acontecer.

26.

27.

Gosto das pessoas que *acreditam*.

Das pessoas que têm fé (na vida). Gosto das pessoas que seguem em frente mesmo que, muitas vezes, não saibam para onde vão. Gosto das pessoas que vão com medo, mas, ainda assim, vão. Das que caminham ao nosso lado. Nem mais à frente, nem mais atrás. Gosto das pessoas que são. Daquelas que, há muito, deixaram de procurar ser perfeitas. As que optaram por ser felizes. Porque ser feliz é ser simples assim. Todos os dias. Até naqueles dias em que achamos que não somos.

28.

Nada voltará a ser como dantes.

No entanto, (ainda) depende de nós não deixar que tudo seja pior (é preciso voltar a acreditar).

29.

Talvez precises de ler isto (mais vezes):

Não te condenes por não ter dado certo ou por algumas pessoas não terem ficado na tua vida. Não foste tu quem falhaste ou que não estiveste à altura. O que acontece, é que tudo tem um tempo próprio para acontecer e, nem sempre é no *timing* que mais desejamos. Faz as pazes com o teu coração, respira fundo e deixa a vida acontecer. Ela sabe o que faz. Quando for para dar certo, até quem vem para atrapalhar, ajuda!

30.

O melhor do (meu) ano? O melhor do (meu) ano foste tu. Sim, tu. Tu que nunca baixaste os braços, que foste sempre à luta com as armas que tinhas e, muitas vezes, nem sabias o tamanho da guerra. Tu que te reinventaste, todos os dias, para conseguires manteres-te à tona. Tu que tiveste medo, mas, ainda assim, nunca te perdeste da fé. O melhor do ano foste mesmo tu. Tu que nunca tiraste o sorriso para dares dos teus. A ti, obrigada. É por existirem pessoas como tu que a vida (ainda) vale e pena.

31.

Que nunca (nos) falte a fé.

Que os nossos continuem connosco.
Que possamos voltar a abraçar.
Que os sorrisos não fiquem escondidos.
Que continuemos a ter mais que agradecer do que a reclamar.
Que a vida fique (mais) leve. E nós também.

32.

No final do dia, o que importa é termos dado o *melhor* de nós.
Há de haver sempre coisas que não vamos conseguir mudar,
mas a vida irá sempre mostrar-nos a melhor maneira para recomeçar.

33.

Fiz um acordo com a vida.

Eu dou o melhor de mim,

ela devolve-me o melhor dela (um dia vai resultar).

34.

Já tive (muitas) noites em que não soube o que fazer.
Então, respirei fundo, enchi o peito de fé e confiei na vida.
Isto também é uma forma de continuar.

Nem todos irão ter o mesmo cuidado que tu tens.

Nem todos irão ter a mesma sensibilidade, nem a mesma empatia. Mas, com calma, a vida mostra que só ficou exatamente quem tinha de ficar. E, aos poucos, isso passa a ser um alívio.

35.

36.

Desacelera-te.

As coisas acontecem quando têm de acontecer. Nem sempre é da forma como queremos, mas é (quase) sempre da forma como precisamos. Há coisas que não dependem de nós. E, quando assim é, a melhor coisa a fazer é não fazer nada. Às vezes, deixar acontecer também é uma forma de continuar.

37.

Há pessoas que não vão ficar na tua vida.
Da mesma forma como há coisas que não vão acontecer como desejavas. Mas, depois, vem a vida e ensina-nos que o que julgámos ser uma maldição, acabou por se tornar uma bênção.

38.

Ser rico é chegar ao fim do dia e saber que os nossos
continuam bem (e com saúde).
O resto? O resto chama-se fé (na vida).

39.

Por hoje, só quero agradecer por mais um dia.
Se continuamos aqui,
é porque a vida (ainda) tem grandes planos para nós
(porque só assim faz sentido).

40.

Nunca desisto antes de fazer o *suficiente,*
mas (já) não insisto em lugares que não são meus,
em pessoas que não fazem parte do (meu) caminho e
em sentimentos que não são recíprocos.

Perceber a altura (certa) de parar
também é uma forma de continuar.

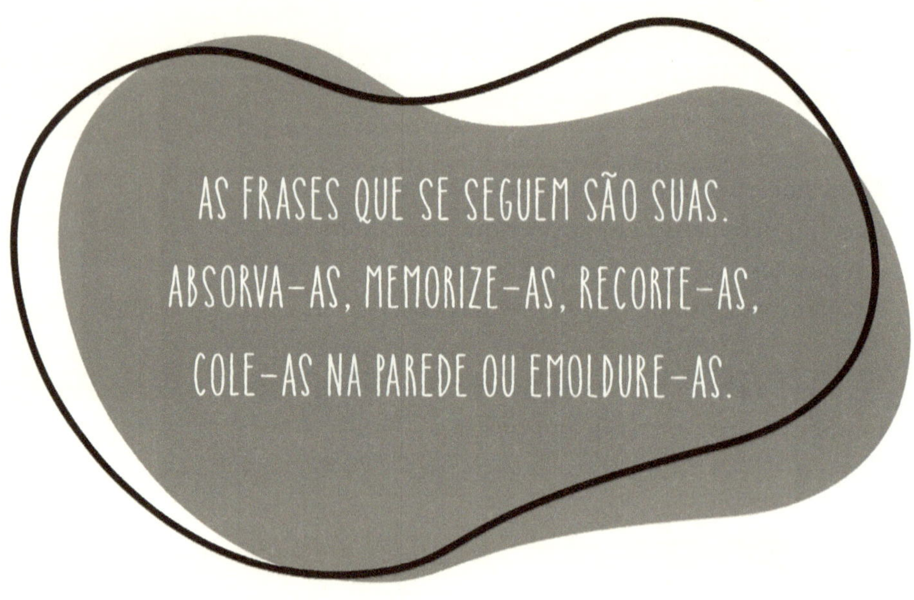

AS FRASES QUE SE SEGUEM SÃO SUAS.
ABSORVA-AS, MEMORIZE-AS, RECORTE-AS,
COLE-AS NA PAREDE OU EMOLDURE-AS.

frases diárias para (a)fixar

#1

Nem sempre
estarás certa, mas,
por cada vez que
tentas, ficas
mais perto.

Planos para esta semana:

#2

NUNCA CONFUNDAS O QUE ACEITAS COM O QUE *mereces*.

O que amo fazer:

#3

És a tua melhor
companhia.
Nunca te
abandones.

As 5 coisas que amo em mim:

#4

(SÓ) ÉS INCRÍVEL DO *jeito que és*. NÃO DEIXES QUE NINGUÉM TE FAÇA DUVIDAR DISSO.

As 5 coisas que me fazem sorrir:

#5

O teu maior poder é
seres tu.

Posso melhorar algum dos meus hábitos?

#6

Não precisas de te esconder.

Precisas de te escolher.

Como posso melhorar minhas rotinas diárias?

#7

A forma como te amas,
é a forma como vais
ensinar os outros a
amarem-te.

Estou a fazer tudo o que posso para alcançar os meus objetivos?

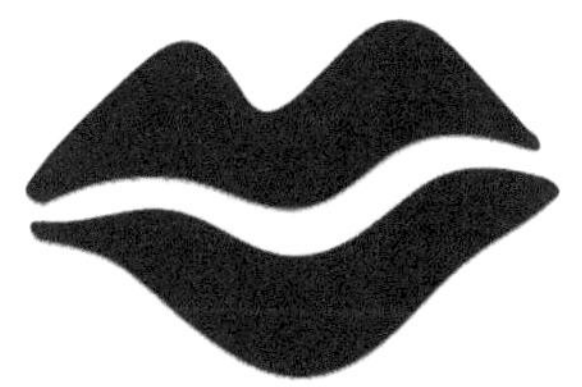

#8

Enquanto
souberes cuidar
de ti, não precisas
de implorar o amor
de *ninguém*.

Quais os passos que preciso dar para alcançar os meus objetivos?

#9

Amor próprio

TAMBÉM É APRENDER A DIZER NÃO (AOS OUTROS).

O que me deita para baixo?

O QUE FAZ DE NÓS FORTES, É ACEITAR AS nossas fraquezas.

Do que é que eu tenho medo?

#11

Caso ainda ninguém
te tenha dito hoje:
és incrível.

As 3 coisas que eu preciso parar de fazer:

#12

STATUS DO DIA:
GRATA PELO QUE TENHO,
fé no que virá.

As 3 coisas positivas que eu preciso de começar a fazer:

#13

OS FINS EXISTEM PARA QUE NOVOS (GRANDES) recomeços POSSAM CHEGAR ..

As 3 coisas que eu preciso de fazer com
mais frequência:

#14

O que é teu, a ti chegará!

Quais os passos que eu preciso seguir para ser a versão mais confiante de mim?

#15

Quem tem *luz própria,* não faz sombra a ninguém.

Quem é a minha maior inspiração? E porquê?

#16

O segredo é ser recíproco:

no amor,
na vida,
na indiferença.

O que eu preciso de me perdoar?

#17

Os grandes sonhos começam com pequenas atitudes.

Pelo que tenho gratidão?

TODOS OS DIAS,
a gente se supera
À NOSSA MANEIRA.

Do que eu preciso?

Agradecer

MAIS DO QUE RECLAMAR.

Como é que eu gosto que me tratem?

#20

A opinião dos outros

não nos define.

Como é que eu não gosto que me tratem?

DESAPEGA(TE) DE QUEM NÃO se apega.

As minhas qualidades:

#22

São as tuas dores
que te
(re)constroem.

Quais são os meus pontos fracos e
o que é que posso fazer para mudá-los?

#23

NÃO TE COMPARES A NINGUÉM,

a tua beleza é única.

O que me traz paz?

#24

Confia,
NADA ACONTECE
ANTES DO TEMPO.

O que é que preciso perdoar para viver melhor?

#25

Quando tiveres de (re)começar, (re)começa por dentro.

Que conselhos daria ao meu eu de há dez anos?

#26

COMEÇAR
O DIA COM fé
E TERMINAR
COM gratidão.

Do que é que sinto falta na minha vida?

#27

Se (ainda) não deu certo, é porque a vida tem planos melhores *para ti*.

Em quais momentos eu consigo ser a minha melhor versão?

#28

Apaixona-te pela pessoa que te tornaste.

Qual é o meu objetivo de vida?

Qual é o meu objetivo de vida?

#29

TU ÉS A COISA
mais linda
QUE TE ACONTECEU.

O que é que realmente me impede de alcançar
o meu sonho/objetivo?

#30

Às vezes,
é preciso parar
para conseguir
continuar.

Estou onde desejo estar?

(Re)começar

também é uma forma de

continuar.

Amo-me?